MW01686442

Petite Berbère

MANGO *JEUNESSE*

Il était une fois une petite fille qui s'appelait Petite Berbère. Elle vivait dans le sud du Maroc, dans la vallée du Draa, tout au bord du désert.

Petite Berbère demeurait avec son père, Baba, sa mère, Immi, et ses quatre petits frères et sœurs, Izzi, Iza, Ifni et Amaz'uz.

Ils habitaient un ksar, un village fortifié, avec des maisons de terre, entouré de dattiers.

Un matin, Immi et Baba demandèrent à Petite Berbère de prendre soin de ses frères et sœurs pendant qu'ils se rendaient au marché. Ils partaient vendre les précieux tapis qu'Immi avait tissés avec la laine des chèvres et qu'elle avait teints avec les racines des plantes de la montagne.

Le travail avait été pénible et leur voyage s'annonçait difficile, sous une chaleur étouffante, dans un désert immense.

— Comme je serais heureuse de pouvoir les aider ! pensait Petite Berbère.

Pendant qu'elle jouait sur le seuil de la maison, arriva un berger. Il portait un bonnet en peau de chameau et une djellaba.

Quand il la vit si tourmentée, il lui offrit une datte et lui dit :

— Petite Berbère, regarde cette datte. Elle vient du désert. En la mangeant, pour un moment, tu oublieras tous tes soucis.

Petite Berbère croqua le fruit. Jamais elle n'avait goûté une datte si délicieuse. Sa saveur était si merveilleuse que tous ses soucis s'envolèrent.

Alors, elle eut une idée.

— Je vais partir à la recherche des merveilleuses dattes du désert. Je pourrai les offrir à mes parents, à mes frères et sœurs, et même à tous les gens du village, pour qu'ils oublient leurs soucis.

Petite Berbère réunit ses frères et sœurs et leur dit :

— Je m'en vais. Mais ne bougez pas de la maison et conduisez-vous comme des grands.

Puis, elle monta sur le dos de son âne Aghyul et s'en alla vers le désert.

Pendant longtemps, Petite Berbère et Aghyul cheminèrent à travers des terres desséchées.

Ils déambulaient de dunes en dunes, lorsqu'elle sentit qu'un vent léger l'entourait et chassait la poussière, un vent qui avait la douceur des merveilleuses dattes du désert.

Alors elle aperçut le dattier.

C'était un petit arbre chargé de belles grappes de dattes jaunes, des grappes qu'on appelle des régimes.

Petite Berbère en remplit ses paniers qui furent vite pleins à déborder.

Elle prit le chemin du retour mais le soleil était brûlant et le vent du désert, le terrible sirocco, se mit brusquement à souffler.

À cause de l'épouvantable chaleur et du vent, petit à petit, Petite Berbère perdait ses forces et elle finit par s'égarer.

Pendant qu'elle luttait contre le soleil, le sable et le vent, elle aperçut une silhouette à l'horizon.

— Ce n'est peut-être qu'un mirage, se dit-elle. Il disparaîtra dès que je m'approcherai.

Mais non, ce n'était pas une illusion. Elle reconnut son frère Izzi. Et derrière lui, n'était-ce pas Iza ? Et puis plus loin, Ifni, et tout là-bas, Amaz'uz ?

Les uns derrière les autres, ses frères et sœurs lui indiquaient le bon chemin.

Izzi lui dit :

— Nous étions si inquiets que nous sommes partis à ta recherche.

— Monte avec moi, Izzi, lui dit Petite Berbère, Aghyul nous portera.

Lorsque Izzi fut monté, le pauvre âne soupira. Pour le soulager, Petite Berbère jeta au loin un de ses beaux régimes de dattes.

Puis ce fut le tour d'Iza.

— Monte avec nous, Iza, Aghyul te portera.

L'âne se mit à haleter. Alors Petite Berbère jeta un autre régime pour le soulager.

Puis ce fut le tour d'Ifni.
— Monte avec nous, Ifni, Aghyul te portera.
Mais Aghyul n'en finissait pas de gémir.
À nouveau, Petite Berbère se débarrassa d'un régime.

Enfin, ce fut le tour d'Amaz'uz.
— Monte avec nous, Amaz'uz, Aghyul te portera.
Le pauvre âne n'en pouvait plus.
Petite Berbère jeta un autre régime.
Mais c'était le dernier. Il n'y avait plus de dattes dans ses paniers.

C'est ainsi qu'ils revinrent dans leur ksar, avec ses maisons de terre entourées de dattiers.

Alors qu'ils approchaient, ils sentirent une bonne odeur de thé, puis celle du pain chaud, des odeurs aussi douces que les dattes du désert.

Cela sentait bon la maison, leur maison, celle d'Immi et de Baba.

Dès qu'ils virent revenir leurs enfants, Immi et Baba furent si heureux que tous leurs soucis s'envolèrent.

Tout le monde se mit à table. Et Immi servit un bon tajine de bœuf, avec des figues, du sésame et des raisins.

Dans le pays, on raconte qu'à chaque endroit où Petite Berbère a jeté ses dattes, un très beau dattier a poussé, et chacun d'eux, dit-on, donne encore aujourd'hui les fruits les plus délicieux du monde.

Les Berbères

Berbère : il y a 4000 ans que le peuple des Berbères vit dans le nord de l'Afrique. Berbère signifie "homme libre".

Ksar : un ksar est un village fortifié par des tours et de grands murs pour que les habitants puissent se défendre facilement. Il est toujours construit là où il y a de l'eau. Souvent il abrite un marché.

Mirage : c'est un effet d'optique causé par la lumière quand elle se réfléchit, au loin, dans l'air très chaud. Les choses que l'on croit voir disparaissent lorsqu'on s'en approche, puisqu'en réalité il ne s'agit que d'illusions. Ce phénomène est particulier au désert.

Tachelhit : c'est un dialecte parlé par les Berbères du sud marocain. En tachelhit, Immi, Baba et Aghyul signifient : mère, père et âne.

Tajine : c'est un ragoût accompagné de légumes et quelquefois de fruits.

Dans la même collection...

Loi n° 49-956 du 16 juillet 1949
sur les publications destinées à la jeunesse
Dépôt légal : janvier 2014
Fabrication : Anne Floutier
Imprimé en Espagne par Edelvives
N° d'édition : M14023
ISBN : 978-2-7404-3144 3 - MDS : 60663